国家出版基金项目
NATIONAL PUBLICATION FOUNDATION

记住乡愁

——留给孩子们的中国民俗文化

刘魁立◎主编

第七辑 民间礼俗辑

高忠严◎编著

寿诞礼

本辑主编 萧 放

黑龙江少年儿童出版社

序

　　亲爱的小读者们，身为中国人，你们了解中华民族的民俗文化吗？如果有所了解的话，你们又了解多少呢？

　　或许，你们认为熟知那些过去的事情是大人们的事，我们小孩儿不容易弄懂，也没必要弄懂那些事情。

　　其实，传统民俗文化的内涵极为丰富，它既不神秘也不深奥，与每个人的关系十分密切，它随时随地围绕在我们身边，贯穿于整个人生的每一天。

　　中华民族有很多传统节日，每逢节日都有一些传统民俗文化活动，比如端午节吃粽子，听大人们讲屈原为国为民愤投汨罗江的故事；八月中秋望着圆圆的明月，遐想嫦娥奔月、吴刚伐桂的传说，等等。

　　我国是一个统一的多民族国家，有56个民族，每个民族都有丰富多彩的文化和风俗习惯，这些不同民族的民俗文化共同构筑了中国民俗文化。或许你们听说过藏族长篇史诗《格萨尔王传》

中格萨尔王的英雄气概、蒙古族智慧的化身——巴拉根仓的机智与诙谐、维吾尔族世界闻名的智者——阿凡提的睿智与幽默、壮族歌仙刘三姐的聪慧机敏与歌如泉涌……如果这些你们都有所了解，那就说明你们已经走进了中华民族传统民俗文化的王国。

你们也许看过京剧、木偶戏、皮影戏，看过踩高跷、耍龙灯，欣赏过威风锣鼓，这些都是我们中华民族为世界贡献的艺术珍品。你们或许也欣赏过中国古琴演奏，那是中华文化中的瑰宝。1977年9月5日美国发射的"旅行者1号"探测器上所载的向外太空传达人类声音的金光盘上面，就录制了我国古琴大师管平湖演奏的中国古琴名曲——《流水》。

北京天安门东西两侧设有太庙和社稷坛，那是旧时皇帝举行仪式祭祀祖先和祭祀谷神及土地的地方。另外，在北京城的南北东西四个方位建有天坛、地坛、日坛和月坛，这些地方曾经是皇帝率领百官祭拜天、地、日、月的神圣场所。这些仪式活动说明，我们中国人自古就认为自己是自然的组成部分，因而崇信自然、融入自然，与自然和谐相处。

如今民间仍保存的奉祀关公和妈祖的习俗，则体现了中国人崇尚仁义礼智信、进行自我道德教育的意愿，表达了祈望平安顺达和扶危救困的诉求。

小读者们，你们养过蚕宝宝吗？原产于中国的蚕，真称得上伟大的小生物。蚕宝宝的一生从芝麻粒儿大小的蚕卵算起，中间经历蚁蚕、蚕宝宝、结茧吐丝等过程，到破茧成蛾结束，总共四十余天，却能为我们贡献约一千米长的蚕丝。我国历史悠久的养蚕、丝绸织绣技术自西汉"丝绸之路"诞生那天起就成为东方文明的传播者和象征，为促进人类文明的发展做出了不可磨灭的贡献！

小读者们，你们到过烧造瓷器的窑口，见过工匠师傅们拉坯、上釉、烧窑吗？中国是瓷器的故乡，我们的陶瓷技艺同样为人类文明的发展做出了巨大贡献！中国的英文国名"China"，就是由英文"china"（瓷器）一词转义而来的。

中国的历法、二十四节气、珠算、中医知识体系，都是中华民族传统文化宝库中的珍品。

让我们深感骄傲的中国传统民俗文化博大精深、丰富多彩，课本中的内容是难以囊括的。每向这个领域多迈进一步，你们对历史的认知、对人生的感悟、对生活的热爱与奋斗就会更进一分。

作为中国人，无论你身在何处，那与生俱来的充满民族文化DNA的血液将伴随你的一生，乡音难改，乡情难忘，乡愁恒久。这是你的根，这是你的魂，这种民族文化的传统体现在你身上，是你身份的标识，也是我们作为中国人彼此认同的依据，它作为一种凝聚的力量，把我们整个中华民族大家庭紧紧地联系在一起。

《记住乡愁——留给孩子们的中国民俗文化》丛书，为小读者们全面介绍了传统民俗文化的丰富内容：包括民间史诗传说故事、传统民间节日、民间信仰、礼仪习俗、民间游戏、中国古代建筑技艺、民间手工艺……

各辑的主编、各册的作者，都是相关领域的专家。他们以适合儿童的文笔，选配大量图片，简约精当地介绍每一个专题，希望小读者们读来兴趣盎然、收获颇丰。

在你们阅读的过程中，也许你们的长辈会向你们说起他们曾经的往事，讲讲他们的"乡愁"。那时，你们也许会觉得生活充满了意趣。希望这套丛书能使你们更加珍爱中国的传统民俗文化，让你们为生为中国人而自豪，长大后为中华民族的伟大复兴做出自己的贡献！

亲爱的小读者们，祝你们健康快乐！

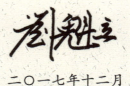

二〇一七年十二月

目 录

为老人庆生 …………………………………… 1

寿礼的仪式和元素 …………………………… 13

寿礼的演变和习俗 …………………………… 33

有趣的寿星故事 ……………………………… 45

寿礼和养生文化 ……………………………… 59

为老人庆生

│为老人庆生│

"过年几岁了？""今年多大啦？"每当我们遇到亲戚朋友，都免不了会被问到关于年龄的问题。这不仅体现出人们对个人成长的关心，也在很大程度上反映了民众对年龄的关注。

实际上，中国人对年龄的兴趣由来已久。有这样一个故事：从前有三个老人相遇在一起的时候，有人问他们的年龄。一个老人说："我岁数有多大已很难记清了，只记得我年少时与开天辟地的盘古关系很好"；另一个老人说："每到大海变成桑田的时候，我就往屋子里放一个筹码，现在筹码已经装

山西广灵剪纸：
天下第一寿│
高忠严　摄

│福禄寿窗棂
图案│
高忠严　摄

|福禄寿三星照壁|
高忠严 摄

|万荣李家大院
福禄寿三星照壁|
高忠严 摄

|宁寿门| 高忠严 摄

|福寿照壁| 高忠严 摄

了整整十间屋子";第三个老人说:"我每年吃蟠桃剩下的桃核堆得已经和昆仑山一样高了。"这个有趣的"吹牛"故事体现了人们对于长寿的追求和向往。古人将"寿"视为五福之首,认为身体健康、延年益寿、长命百岁是人生最大的幸福。

早在上古时期,人们已经萌生"寿"的观念,在伏羲氏与神农氏的穗书中，就出现了"寿"字。在《诗经》等古代典籍中，也时常有"万寿无疆""南山之寿""松柏之茂"等话语的表达。春秋时期，就有了"敬酒上寿"的祝寿仪式。不仅如此，现存的古代房屋建筑中，瓦当上的"永寿无疆""与天长久"等，墙体的壁画"福寿

| 万寿宫寿字藻井 | 贺少雅　摄

| 民国福建泉州木版年画：福禄寿 | 贺少雅　摄

| 寿字铁饰 | 高忠严　摄

| 五福捧寿窗棂 | 高忠严　摄

| 平阳木版年画：福禄寿三星 | 高忠严　摄

|山西广灵张会
堂剪纸：寿星|
高忠严 摄

|山西中阳剪纸：
寿星|
王晨 摄

双全""福禄寿""仙鹤
图""龟鹤齐龄""鹤鹿同
春"等，都表达了房屋主人

对长寿的追求。此外，各种
年画、剪纸、刺绣、器皿等
也都有贺寿图的出现。戏曲、
小说中也常有关于寿星故事
的讲述。远到彭祖、张果老、
王母娘娘、麻姑等神仙，中
有孔子、老子、孟子等圣人，
近有冰心老人、巴金老人等
都有着较长的年岁，被人们
视为"寿星"的代表。

古代人们的计时方法
中，六十为一个轮回，这种
计时方法用于人们的寿命
时，六十岁大寿也就格外引
人关注。六十岁以前称"过
生日"，六十岁通常为人的
第一次寿诞，称为"花甲"，
庆寿则称为"贺六十"。此
后寿诞礼每十年一次（俗称
"整寿"），七十岁称为"古
稀之寿"，八十、九十称为
"耄耋"，一百岁称为"期

颐"。也有的地方以五十岁为首次寿诞，因为一般来讲，五十岁是人们一生中重要的时间分界线，即我们通常所说的"年过半百""知命之年"，但随着现代社会的发展，人们的平均寿命也在不断增长，很多地方已经不再以五十岁为首次寿诞。此外，有的地方依照辈分，在当了祖父母或外祖父母后才可以过寿。

我们通常将为老人庆贺生日的一系列礼仪形式称为"寿诞礼"，俗称"过寿""庆寿""做寿""贺寿""祝寿"等等，过生日的老人被称为"寿星"。小辈们作为这一系列寿诞礼仪的操办者，往往邀请亲朋好友欢聚一堂，将贺寿仪式办得喜庆热闹，寿礼活动

| 福禄寿三星剪纸 |
高忠严　摄

| 寿字剪纸 |
高忠严　摄

绛丝彩绘三星
贺少雅 摄

湘绣五彩寿字
贺少雅 摄

的规模一般根据家庭经济条件和社会地位而定。受到邀请的客人常常携带寿桃、寿糕、寿屏、寿幛、寿联等寿礼，城市里的客人则习惯携带写有寿字的蛋糕，或带有"祝寿词"的字画、花篮等前来拜寿。受到邀请的宾客，还要对寿星口头表示"身体健康，长命百岁""福如东海、寿比南山"等祝福语，表达对寿星幸福安宁、健康长寿的祝福。同时，寿诞礼也表达了小辈对长辈的孝敬、感恩之情。

寿诞礼是每个人人生仪礼中的重要一环。人们之所以如此重视寿诞礼，是因为它具有多方面的意义：

第一，它标记了人生的重要阶段。每个人的一生中都要经历几个重要阶段，一般以年龄划分，每个年龄段的人们或有不同的身份，或有不同的心理特征，又或有不同的身体状况等等。过寿也是其中一个，它代表了一个人经历的岁月，代表了一个人丰富的人生阅历。因此，寿诞礼的仪式也是一种标志，标志一个人生命的活力和延续。在寿礼中，通常有一些焚香点烛的活动，民众认为这样可以驱散小鬼、镇压邪气、酬谢神灵，以祈祷老人度过生命的重要阶段，达到延年益寿的效果。

第二，这是一个孝敬长辈的机会。老人为了减少儿女的麻烦，通常都嘱咐儿女不要费心操办寿诞，但事实上心里还是有一些期许。作为儿女，我们应该了解老人的这一心理，想想年幼时父

｜寿字刺绣椅被｜
贺少雅 摄

｜五福捧寿金漆盘｜ 贺少雅 摄

｜五福捧寿
铜手炉｜
贺少雅 摄

| 寿字耳环 |
贺少雅 摄

| 平阳木版年画：
福寿无疆 |
高忠严 摄

| 平阳木版年画：
福寿无疆 |
高忠严 摄

母如何为自己的生日操劳，自己也应该在父母年迈时，牢记父母的生日，为他们庆贺。中华民族历来重视孝道，父母在世时，儿女应尽力行孝，把寿礼张罗得体面周到，老人一定会为此感到欣慰。没有条件的，即使只是一碗热气腾腾的长寿面也足以让老人乐开怀。同时，热闹的氛围能让老年人体会生活的乐趣，珍爱生命，建立生活的信心。

第三，亲朋好友可以欢聚一堂。过寿的场合除了寿星和自己的子女之外，还有众多亲朋好友，即使大家平时较为忙碌，也一定抽空来向寿星表达祝贺。因为在人们的传统观念里，六七十岁、八九十岁已经属于高寿，人们在这些老寿星的身上看到生命的活力，通过祝福与庆贺，表达自己对身体健康、生命持久的渴望，同时也希望能够沾沾长寿的喜气。

第四，寿诞礼对于寿星来说是一次非常好的心理抚慰。一方面可以领会子女对自己的孝心、他人对自己的祝福，同时也可以感受自己的身份、角色受到大家的认同、尊重，老年人因此容易建立个人威信并产生满足感；另一方面，通过欢乐祥和的做寿仪式，子女及宾客可以安抚老人在面对无常的生老病死时，有一个平和的心态，同时，寿星意识到自己已经经历了人生中的种种关卡和生活的艰辛，更会用一颗平常心去对待未知的变数。

第五，举办寿诞礼是对

| 平阳木版年画：福寿无疆 |

高忠严　摄

| 平阳木版年画：福寿无疆 |

高忠严　摄

血脉绵延的期许。在拜寿礼仪中，老寿星端坐寿堂高兴地接受儿孙们的行礼，这一仪式有展示家中人丁兴旺、家庭和睦的意思，而受邀宾客为老寿星送上的"百子千孙""多子多福""门庭昌盛""喜看儿孙堂前站，只愿家风代代传"等祝福语，也为寿诞礼增添了热烈、祥和、喜庆的气氛。在我国传统宗族血亲观念中，人们认为家族兴旺、儿孙满堂才是晚年幸福生活的保障，因此，做寿不仅是为寿星拜寿，还有期望家族多子多孙、血脉相承、生命繁衍的深刻含义。

祝寿场面
高忠严 摄

寿礼的仪式和元素

| 寿礼的仪式和元素 |

寿诞礼仪有着悠久的历史，是一种极具文化内涵的传统礼仪。那么传统的中国家庭是怎样给老人过寿的呢？整个仪式有哪些环节？每个环节有怎样的文化意蕴？接下来就让我们打开这扇大门，一探究竟吧！

一、寿礼进行时

一代又一代中国人传承下来的寿礼仪式在历史的沉淀中形成了较为固定的模式，其中包含着我们中华民族的文化内涵和民族认同，也彰显着民众的社会交往及心理诉求。那么现在保留下来的寿礼仪式有哪些呢？它在我们现实生活中是怎样的呢？其中体现的文化内涵又是什么呢？

1. 寿礼前的准备

在寿礼活动举办前，要做一些准备工作，寿堂的布置就是其中重要的一步。所

| 祝寿图剪纸 |
高忠严　摄

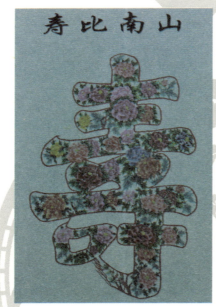

|山西广灵水神堂剪纸：寿比南山|
高忠严 摄

|福禄寿三星|
高忠严 摄

谓寿堂，就是家庭里举办祝寿仪式的厅堂，这里平时就是举办各种活动和招待客人的场所，祝寿时需要精心装饰。布置寿堂时，案桌上要摆满寿桃、寿糕、水果等寓意吉祥的各色贡品，中间放置一个大香炉，里面插着高大的"寿"字形的寿香，两旁各有一只大红蜡烛，蜡烛上绘有各种吉祥图案和不同字体的"寿"字。案桌正前方通常悬挂红布，上面画有"寿"字或是代表寿礼的图案，如"五福捧寿"等。在案桌后方，通常挂一幅大大的寿星图。寿星图有很多种，比较常见的是额头隆起，一手持拐杖，一手捧仙桃的老翁形象；有的是福禄寿三星的形象；还有手拿花篮或仙桃的麻姑形象、王母形象。

案桌后方除了悬挂寿星图，有的还要挂一副写着"寿"字的字幅，图画两旁有的还要挂寿联，上面写着祝寿的吉祥语，如"福如东海长流水，寿比南山不老松"，如果老人的寿诞日为秋天，还要摆些菊花之类的绿植。案桌两旁是两把太师椅，寿礼当天，寿星端坐在椅子上，接受小辈们的叩拜祝福。

平阳木版年画：
老寿星
高忠严　摄

在祝寿前，除了寿堂布置外，还有其他的准备工作。首先要准备好招待亲朋好友的菜肴和酒水；其次是寿面、寿桃、寿糕等；最后还要把院子和房屋打扫干净，各个房屋的门上均张贴寿联等。

2. 贺寿仪式

在寿礼仪式中，最重要的活动就是贺寿仪式了。你或许会奇怪，贺寿不就是向

寿堂布置
高忠严　摄

寿星磕头作揖吗？其实没那么简单，我国传统的贺寿仪式可是有着一整套完整的内容呢！

（1）送寿帖、请亲友

从我国传统寿礼仪式来看，过寿之前，都要向亲朋好友发放寿帖。寿帖大多用红色纸张制成，里面写有贺寿的时间、地点。亲友收到帖子后，按照日期带着礼品前来贺寿，主人家要做好登记，以便礼尚往来。

（2）拜祖宗、点寿香

寿诞之日，首先要把家族的祖先牌位放置在供桌上，两旁点燃蜡烛，院内这时开始燃放鞭炮，通常是寿星率领全家人对着祖先牌位磕头祭拜。寿星还要亲自点燃大红寿烛和寿香，人们认为这样才能带来好运。

（3）儿孙亲朋来拜寿

贺寿当天是为寿星举行庆典的日子。从辰时开始，过寿的老人穿着大红寿服坐在案桌旁的太师椅上，小辈们恭敬地站立在两侧，按照惯例是男左女右。放过鞭炮后，主持贺寿仪式的司仪念完祝寿词，便宣布开始拜寿。拜寿是我国传统祝寿仪式过程中最重要的一个环节，体现着小辈对于长辈的尊敬、关爱和祝福。拜寿时，小辈给老人行跪拜礼，需双膝着地，头要叩地，拜三次后才能站起。祝寿时，小辈磕的头称为"寿头"，有祝福寿者健康长寿的寓意。老人的后辈们则按照辈分大小向老人贺寿，先是儿子儿媳捧酒祝寿、磕头行礼；再是嫁出去的女儿偕同女婿一起给老人拜寿；接着是孙子辈；最后是邀请的宾客。宾客向老人贺寿的方式为作揖，同时说一些祝福老人健康长寿之类的吉祥语，无需向老人行叩拜礼。如果是平辈前来贺寿的话，老人则要从座位上起来，手搀扶着对方，表示让对方免礼，同时也祝愿对方长寿。在拜寿过程中，孙儿孙女等小辈会得到寿星给的红包，称之为"喜钱""压岁包"，寄托着长辈对晚辈健康成长的美好祝福。

（4）拜寿宴上吃寿面

祝寿完毕后，寿宴就开始了。这时候前来贺寿的亲友都要举杯向寿星敬酒，寿星则把提前备好的寿糕等食物分发给众人，寿星分发的食物一定要吃，这是替寿星"咬灾"的意思。在寿宴中，长寿面是必不可少的食物。从过去到现在，寿宴上吃长寿面的习俗仍然流行于各地。无论都市还是乡村，家中有老人过寿时，寿宴上必有热腾腾的长寿面，通常儿女们要把自己碗里的长面条向寿星碗里分一些，寓意为寿星"添寿"。清代徐珂的《清稗类钞》里就有记载："馈人以米面及炒热之面，面条长，取其绵绵不断长寿之意也。"

（5）宴席完毕看大戏

在传统的中国社会，贺寿当天，一些富贵人家为了热闹，通常要邀请戏班来家里唱戏，一般是在寿宴结束后开始，到深夜才散场。在《红楼梦》中，贾母过寿，贾府就请戏班唱戏为其祝寿。一些地方还有特别的讲究，像以前在江南地区，富人家在演戏之前，要事先拿出点戏的单子让寿星和宾客点戏，点过戏后主人通常要给演员赏赐财物。演完一出戏，演员们需给寿星和宾客敬酒，嘴里还要说着祝福的吉祥话。寿礼上的戏曲剧目内容多与祝寿相关，并有着欢快、圆满的结局，通常是以《八仙过海》为开场戏，还有《蟠桃盛会》等，人物设定大多为何仙姑、王母等代表长寿的神仙，寓意为寿星祈福。

（6）分寿同庆贺

热闹的贺寿仪式结束后，过寿的人家要把自己做的或是别人送的诸如寿桃、长生果等食物送给邻居、亲朋好友，叫"分寿"，意思是把寿星长寿的好运分送给大家。这也是一种回礼，表示对前来祝寿的人的感谢。

中国的寿礼仪式是非常丰富的，虽然不同时代有着不同的内容，但在整体上还是有着贯穿始终的元素。送寿帖、拜祖宗、拜寿、吃寿宴、看寿戏、分寿食等一系列过程，这些都是我国传统寿礼仪式的基本要素。体现的是我们中国人所看重的血亲观念和社会交往中的人情态度，热闹的寿礼仪式也是民众情感的一种表达。

二、寿礼仪式元素

在传统寿礼中，除了祝寿前的寿帖和祝寿过程中的一些仪式元素，还有很多祝寿礼品，这些礼品是构成祝寿仪式必不可少的内容，为寿礼增添了热闹、和谐的氛围。我国传统祝寿元素形式多样，可以分为以下几类。

1. 内涵丰富的祝寿文辞

寿礼前，要送寿帖给亲友，寿帖的内容丰富多样；寿礼中，要为寿星念诵寿辞。无论是寿帖还是寿辞，都是文字性的寿礼仪式元素，正因如此，才使得寿礼的整个仪式过程完整而有内涵。

（1）寿帖

传统寿礼仪式中，寿星的过寿时间确定下来后，就要向亲朋好友送请帖，称为寿帖。寿帖通常由红纸制作，有固定的模板，称父亲为"家严"，母亲为"家慈"；丈夫为"拙夫"，妻子为"拙妻"。寿帖上的内容一般从右往左写，要写明寿礼的时间、地点、人物及几旬寿辰，结尾要有礼节性的恭候语，

如"敬治桃觞""敬请光临"等，最后落款要署邀请者的名字，格式如"XXX 敬上""XXX 谨上""XXX 恭候"等。

（2）寿辞

为寿星诵读的贺词，内容多为祝贺寿星健康长寿之类的吉祥语，也会赞扬寿星的成就。常见的寿辞有这些："福如东海水，寿比南山松。""精神愉快身心健，儿孙承欢福寿全。"等等。寿辞也有口头的形式，如："向爷爷奶奶拜寿，祝二老身体健康，长命百岁。"

2. 多姿多彩的祝寿食品

传统寿礼中，受邀请的亲友给寿星贺寿的时候都要准备代表吉祥的食品。如：寿桃、寿糕等可以与寿礼活动相融合的祝寿食品，有祝愿寿星身体健康、长命百岁

的美好寓意。

（1）寿桃

桃从古至今就是长寿的象征，所以在寿诞礼上，人们通常选择寿桃来为寿星祝寿。寿桃一般用面粉做成，

蟠桃荟萃
贺少雅 摄

天伦永享
贺少雅 摄

状如桃子，颜色为粉红色，最上面的尖尖上还要点上红点，圆圆的肚子里面装有甜馅。上面还可写"寿"字。关于寿桃的数量，也是有讲究的。一些地区给寿星准备的寿桃为八个，寓意八仙祝寿；有的地区根据寿星的年岁来定寿桃的数量，如七十寿诞就送七十个。拜寿仪式中，寿桃须摆放成金字塔造型，放入大红盘中，寓意寿星福寿与天齐。

（2）寿面

寿宴上所吃的面条叫作"长寿面"。寿面也是贺寿礼品中常见的一种。

吃寿面的习俗来自汉代东方朔和汉武帝辩论的一个小故事：汉武帝认为鼻子下面人中的长度为一寸的人，可以活到一百岁。东方朔就

大笑起来说："那彭祖的脸面一定非常长。"汉武帝不解，就问东方朔为什么，东方朔回答："彭祖活到八百岁，如果寿命和人中长短有关系的话，那彭祖的人中就有八寸长，那他的脸该有多长呢？"汉武帝听他这样一解释，也大笑起来。之后，人们便把长寿命和"脸面长"联系在了一起，因此，人们在生日这天就选择长长的面条来为寿星祈寿。传统社会里，富贵人家给亲友祝寿，要做长达一米，重达5千克以上的寿面，并且把寿面盘成金字塔状，最顶端插上"寿"字，派专人送与寿者，有祝寿星福寿绵长的寓意。

（3）寿糕

因"糕"与"高"谐音，有着节节高升的美好寓意，

｜山西襄汾陶寺面塑：寿星老人｜
孔欢欢　摄

｜山西襄汾陶寺面塑：三女拜寿｜
孔欢欢　摄

所以人们选择在给寿星祝寿的时候送上寿糕，祝愿寿星健康长寿。同寿桃一样，寿

23

|山西襄汾面塑：
老寿星|
孔欢欢 摄

糕也用面粉做成，上面装饰着祥云等吉祥图案。现在的寿糕多用蛋糕替代，上面通常写有寿星的寿龄和祝福之类的话，有的还插着寿星等人物摆件。

（4）寿酒

在寿宴上所饮用的酒称为寿酒。在寿礼仪式起源部分我们提到最早在《诗经》里就写有古人捧酒祝寿的习俗。"酒"与"久"谐音，祝寿时的寿酒就是祝寿星福寿绵长。古人祝寿时一般用桂花酒或茱萸酒。桂花酒作为寿酒是因为人们认为桂花树是长生树，桂花酒就有了长寿的含义；茱萸有辟邪的作用，祝寿饮用茱萸酒有期望寿星无病无灾、健康长寿的意思。现在人们祝寿的寿酒更为丰富多样，但用在寿宴上的酒无论是什么品种，都称为寿酒。

3. 高雅文艺的祝寿物件

祝寿礼品中，还有一些是富有内涵的物件。在传统社会，这种类型的寿礼很受文人士大夫推崇，也是寿礼中有较高审美价值和文学价值的一类。

（1）寿幛

寿幛用布帛制成，通常为金色或大红色，或是红底金字，上面写有祝贺的字句，也是装饰寿堂的物件。明朝时就流行送寿幛的风俗，寿幛上的字可以是简单的一个"寿"字，也可以是四字词语的贺词，如"松鹤延年""福寿康宁"等。寿幛上的字要根据寿星的性别而定，男性多用"如日之升""椿庭日永"之类的赞词，女性多用"环佩春风""金萱永茂"等。

（2）寿屏

寿屏有两种样式，一种为字画的形式悬挂于墙壁上；一种为摆设在案桌上的座屏或插屏，材质通常为玉石或是名贵木材。寿屏上写有祝寿的贺词或者画着象征长寿的图案，如八仙、寿星、王母等。

（3）寿联

寿联属于对联的一种，是寿礼中最常见的一个类别。最早的寿联出现在宋代，在宋朝孙奕的《示儿编》中就记载："天边将满一轮月，世上还钟百岁人。"寿联的内容一般以"长寿""美满"等为主题，带有"松""鹤""柏"等意象，如"德如膏雨都润泽，寿比松柏是长春"，是人们对寿星福寿绵长的美好祝

寿匾一 | 高忠严 摄

寿匾二 | 高忠严 摄

| 寿匾三 | 高忠严 摄

| 寿匾四 | 高忠严 摄

| 贺寿联 | 高忠严 摄

愿。有的寿联是对寿星功绩的歌颂，如"立功立德，人老心不老；寿国寿民，年高志愈高"这类寿联。

（4）祝寿图

祝寿图也是比较常见的一种寿礼，主题多为福、寿、贵等，图画内容可以是人物、动物、植物等。人物画以寿星、八仙、王母等为主；动物画以猫、蝴蝶为主，通常以"猫扑蝶"为图画内容，谐音为"耄耋"，耄耋指的是八九十岁的老人，以此祝贺长寿也是饶有趣味。还有的是五只蝙蝠围着"寿"字，寓意"五福捧寿"；植物画多有松柏、牡丹、桂花、蟠桃等，寓意富贵长寿。还有的祝寿画采用山、海、石、日、月等这些具有象征长寿含义的元素。

当然，百寿图也是常见的祝寿图中的一种。百寿图通常的样式为一百个不同字体的"寿"字，或是九十九个小"寿"围绕着一个大"寿"。百寿图不但有祝寿的含义，其多样的书法字体更能体现我国传统文化的博大精深。相传，百寿图可以为航海的船只保平安、镇风浪。当年郑和下西洋的船只在一次大风浪中躲过一难就是因为当时船只上有一幅百寿图，因

平阳木版年画：
八仙庆寿｜
高忠严　摄

此人们都认为是寿星显灵保佑了船只的平安。由此可见百寿图作为礼品馈赠于寿星可谓上等佳品了。

（5）寿石

寿石也是贺寿礼品中

平阳木版年画：
耄耋富贵｜
高忠严　摄

贵富耋耄

比较常见的一种。寿石通常指那些形状比较独特的石头，这类石头的体积较大，人们在上面雕刻一个大大的"寿"字，寓意生命如石头一样长久。

三、寿礼仪式禁忌

寿礼仪式大多以民间信仰为前提，人们期望生命能够长久，并且躲避一些灾难，所以在寿礼仪式中，常有一些不能做或是要避免的事情，这就是禁忌。我们想要全面地了解寿礼仪式，就需要了解这些禁忌。

1. 断头生

在民间寿礼中，一旦开始给家里的老人过寿，一定要每年都过，中间不能断，如果某一年没有过，这就称为"断头生"。这种做法被认为是不吉利的。

2. 过九不过十

在寿礼中，"过九不过十"的说法比较常见，过寿一般是过虚岁。也就是说，很多人在选择过寿日期的时候，并不过六十、七十、八十、九十等整数的寿龄，而是提前一年，在五十九、六十九、七十九岁生日的时候过寿。这是为什么呢？在

|十二生肖
贺寿图|
高忠严　摄

中国人的传统观念里，"十"有到达"极端""顶头"的意思，有"十全为满，满则招损"的说法，如果选择整十数来过寿，有把寿过完之意，还有一个原因是"十"和"死"读音相似，人们认为不吉利。当然，"九"在人们的观念里是很吉利的一个数字，与"久"音同，人们以此寓意长久、久远。人们过寿，当然希望寿命长久。

与"过九不过十"有着同样说法的还有"贺三不贺四"，因为"四"和"死"音同，在人们看来是不吉利的数字，所以不过四十岁生日。有的地方的习俗是男性不过三十生日，女性不过四十生日，称为"男不做三，女不做四"。这些寿礼禁忌与人们的数字信仰有关。

3. 过寿关

传统社会，人们很在意一些特殊的年龄数，它们被认为是要度过的寿关，也就是人们生命历程中的重要关口，对人们的生命安全、福祸等都有着重大的影响。像五十五岁、六十六岁、七十三岁、八十四岁，就是重要的寿关。俗话有

百寿图
高忠严 摄

"人活五十五，阎王数一数""六十六，天王老子吃块肉""七十三，八十四，阎王叫你商量事"，在这些年龄数的寿诞礼上，人们认为会受到鬼神的要挟。还有关于"明九""暗九"的禁忌，所谓"明九"，指的是年龄数中带"九"，如四十九、五十九等；"暗九"指的是年龄是"九"的倍数，无论是"明九"还是"暗九"，都是人生命中的重要关口。遇到这样的年龄数，民间说法通常要采取特殊的做法予以化解，这样才能保证生命安全。人们通常在寿诞礼当日化解寿关，比如六十六大寿，就是人们特别看重的寿诞。在很多地方，都讲究嫁出去的女儿给父母祝六十六大寿时需送六十六块猪肉，

也有俗语"六十六，娘吃闺女一块肉"。寿星不仅要吃女儿送来的这六十六块肉，还要分给前来贺寿的亲朋好友享用。有的地方还有在寿星六十六寿诞日的时候，女儿为寿星送大红衣服、腰带的习俗。在中国人的观念里，红色代表祥瑞，六十六寿诞礼上为寿星送上红色的衣物，有驱邪的含义。有的地方还在老人七十三岁、八十四岁时，大办三天寿诞礼，头一天庆寿，第二天举行礼佛仪式，第三天祝寿。人们希望在寿关时通过这些仪式能够禳除生命中的祸患，以保平安。在现代社会，人们依然通过在寿礼上穿红色衣服来增添喜庆气氛。

4. 忌说百岁

看到这个禁忌，你或

许会纳闷，"百岁"难道不是美好的寓意吗？为什么还要忌讳说百岁呢？换个角度思考，我们经常说"长命百岁""百年之后"，到了一百岁寿诞的时候，就不能对寿星说"长命百岁"了。对于老年人来说，对"百岁"是有忌讳的，假如一个老人是百岁寿龄，那么通常就说自己九十九岁。

5. 吃寿面的禁忌

吃寿面是寿礼仪式上必不可缺的一项，在吃寿面的时候也有禁忌。在我国大多数地区，吃寿面是忌讳面条断的，如果面条断了，人们就认为寿命受到了折损，是不吉利的象征；还有往碗里盛放寿面的时候不能盛满，盛满的话就是"满寿"的意思，也就是寿命走到了尽头，

这也是不吉利的。

总之，寿礼中的仪式禁忌也是人们心理诉求的一种，人们期望能够躲避灾难、福寿绵延。了解寿礼仪式禁忌，可以让我们更好地了解具有丰富内涵的中国传统寿礼文化。

中国人的寿礼内容丰富多彩：仪式过程繁琐但不失秩序；仪式元素多样且包含众多美好的寓意；仪式禁忌需要遵守。种种内容都展现了我国寿礼文化的包罗万象和博大精深。

寿礼的演变和习俗

| 寿礼的演变和习俗 |

寿诞礼仪在我国经历了一个漫长的发展过程，从最初"生日"概念的产生到贺寿仪式的初现，再到寿诞礼俗的发展和成熟，历经几千年的时间。中国素来是礼仪之邦，自古以来，无论皇亲贵胄、富商小贾，还是平民百姓，都会举办各式各样的庆寿活动。不同地区、不同民族的庆寿活动，也是形式多样，各有特色。

一、寿礼习俗的演变

在我国，"生日"这一概念最早产生于殷商时期。汉朝班固在《白虎通·姓名》中说道："殷以生日名子何？殷家质，故直以生日名子也。"说的就是殷代人们用孩子出生时期的干支为其命名。伴随生日观念的出现，纪念生日的相关活动便应运而生。据四川大学博物馆江玉祥的考证："老"字在商、周金文和甲骨文中就已出现，"象老者倚仗之形"。而"寿"字则像器皿中盛肉的羹或手持盛羹器皿的形象，这个形象恰好是《礼记》中记载的特定日子为老人献羹的形象写照，这种形象后来成为典型的"祝寿礼"。

春秋战国时期也有祝寿活动的出现。《诗经·豳风·七月》有云："九月肃霜，十月涤场。朋酒斯飨，曰杀羔羊。跻彼公堂，称彼兕觥，万寿无疆。"这是在讲述，每年九月的时候开始降温，霜降天气出现，十月的时候就会对处理晾晒粮食的谷场进行清理。待一年的农活都结束后，人们便宰杀羔羊，准备美酒，来到主人的庙堂，一起祝福主人万寿无疆。《诗经·小雅·天宝》云："如月之恒，如日之升，如南山之寿，不骞不崩。如松柏之茂，无不尔或承。"这首诗是西周时期臣子召公祝福周宣王亲政时的说辞，大致的意思是："您像月亮一样恒久长远，又像东方缓缓升起的太阳，寿命仿佛如南山一般长久，又如同松柏四季常青，您的后代也会绵绵不绝地繁衍生息。"这句诗时常在贺寿场合吟诵，或是制成礼物赠予老人，表达对长辈福泽连绵的美好祝愿。春秋战国时期的这些祝福语多是地位低的人为地位高的人所作的庆贺之词。

我国的贺寿礼俗逐步臻于完善是在南北朝时期，这种趋势与当时儒家传统思想受到冲击相关。传统的儒家思想认为：人出生时候的日子正是母亲遭受苦难的时候，因此不应当以欢乐的方

|寿星的手杖：鸠杖|

贺少雅 摄

式来庆祝。人们应该体会母亲因自己遭受的苦楚，从而形成了一种生日忆苦的习俗。魏晋南北朝时期，受到道教和佛教思潮的影响，生日忆苦的习俗和观念逐渐发生了改变。当时，江南地区的部分人家在孩子满周岁时邀请亲朋好友前来庆祝热闹一番。不仅是小孩子，很多成人也开始庆祝生辰，且家中富裕的人会在生日那天，举办宴会，邀请很多宾客前来聚会。

生日时举办庆贺仪式最早在《隋书·高祖纪》一书中有所记载。仁寿三年（公元603年）隋文帝说："六月十三日是朕的生日，宜令海内为武元皇帝、元明皇后断屠。"这段话中，"断屠"的意思指的是，为了感念父母对自己的生养之恩，不允许任何人在六月十三这一天宰杀任何牲畜。唐玄宗李隆基是第一个将自己的生辰定为全国性节日的皇帝。开元十七年（公元729年），丞相源乾曜、张说等人请奏将唐玄宗的生日定为"千秋节"。此后，李隆基便将自己的生辰八月初五命为"千秋节"，后改名"天水节"。之后每年的这一天，举国上下便欢庆三天，举办各种各样热闹的活动。此后，唐朝的皇帝，除了唐德宗之外大多将自己的寿辰制定为特定的节日。唐肃宗生日被定为"天成地平节"、唐武宗的生日被定为"庆阳节"、唐宣宗的生日被定为"寿昌节"、唐昭宗的生日被定为"嘉会节"。

每逢帝王过寿，宫廷

都要举办隆重的庆贺活动，全国各地都要向帝王赠送寿礼。渐渐地，祝寿的风气便自上而下地在官绅臣民之间传播，社会各阶层的人士都在寿辰之时举行庆贺之礼。对朝中要臣和受皇帝宠幸赏识的官员来说，每逢生日寿礼，都能收到来自皇帝的问候和赏赐的礼品。据《宋史·礼志》记载：大中祥符五年，宰相王旦过寿时，得到了宋真宗赏赐的羊30头、酒50壶、米面各20斛，并获准置办宴席和奏乐款待前来贺寿的宾客。

统治阶级寿诞礼的盛行影响了整个中国的贺寿文化。贺寿文化因此得到了极大的推崇和发展，与寿诞有关的仪式、书画、诗词楹联和各种礼品用具等也日益丰富。据统计，在《全宋词》中用于贺寿的诗词大约占11%，有2181首之多。贺寿词的作者约占所有作者的25%。南宋杰出词人辛弃疾就曾做过多首贺寿词。据大致计算，辛弃疾一生所作的诗词中，贺寿词达44首，占全部创作诗词的7%。与他同时期的大文学家苏轼也有不少贺寿的诗词，例如《表弟程德孺生日》等。

明清时期，祝寿礼在形式和组成元素上都有所丰富。无论是官绅阶层，还是市民阶层，享乐风气盛行。尤其是官家富户，寿堂的布置、筵席的规模、举办的活动和持续的时间都十分考究且整个场面热闹非凡。这在四大名著之一的《红楼梦》中也多有体现。如在为贾母庆贺八十寿辰之时，宁国公和荣国公两府中，处处张灯结彩，摆设古玩画屏，各种乐器齐奏之音不绝于耳，街道上灯火阑珊，热闹了八天八夜才结束。前往两府中送礼的人也是络绎不绝，且礼品规格甚高，奢华无比。如礼部奉旨：钦赐金如意一对、彩缎四端、金玉杯四个、帑银五百两；元春赠金寿星一对、沉香拐一只、迦南珠一串、福寿香一盒、金锭一对、银锭四对、彩缎十二匹、玉杯四只等等。其他各亲王、官员也都赠送了贵重的寿礼。且贾府中摆放了一个铺垫着红毡子的巨大桌案，其上放置着全部的贺礼供贾母赏玩。中国的庆寿礼仪在明清时期已经不仅是追求求取吉利和祈求长寿的目的，还

体现了人们喜好娱乐、享受，甚至是攀比炫耀的心理。

现代社会，伴随着科学的进步与发展，社会对养生文化的重视，人们开始通过多种多样的方式来强身健体，继而达到延长寿命的目的。自古流传下来的贺寿习俗，如今又增添了扩展交际圈、和谐人际关系的作用，使得人们的日常生活变得更加丰富多样。

二、多样的贺寿习俗

做寿对于人们来说是一件既喜庆欢快，又严肃的事情。古时候因生活和医疗条件的限制，人们的平均寿命并不高，五十岁时大多数人们便两鬓斑白，走路吃力，无力从事繁重的体力劳动。据《礼记·曲礼》记载：

"五十曰艾。"西汉恒宽的《盐铁论》中也记载："五十已上曰艾老，杖于家，不从力役。"因此，古时人们从五十岁起便开始做寿，并称作"艾寿"。七十岁被称为"古稀之年"，七十岁时候做寿被称作"古稀寿"，或者又被称为"悬车"之年。有的地方还有做七十七岁大寿的习俗，这被称作"喜寿"，这是因为古时候草书的"喜"字很像七十七。"米"字可以拆分成两个八，因此八十八岁被称为"米寿"。"百"字如果缺"一"则为"白"，因此也将九十九岁大寿称作"白寿"。"茶"字中，草字头代表二十，其下是八十八，相加得一百零八，因此一百零八岁便被称作是"茶寿"。

严格来说，不满六十岁的诞辰只能被称作"过生日"，年纪不满六十岁是不可以做寿的（某些地区是四十或五十岁）。也有的地方，满四十岁起就开始做寿，男子被称为"悬弧之辰"，女子则被称为"悬帨之辰"。自此，年纪逢十（一些地区讲究逢九）的生日便要做寿，并且这些年份的寿诞仪式都较为隆重，被称作"大寿"。第一次做寿，往往是非常谨慎的。在四川西部地区是由丈母娘来操办首次做寿的，这样的情况被称作"开寿"，在闽浙一代则被称作"女婿寿"。在四川，女儿女婿婚后首次过生日时，或是福建、浙江一代女婿三十岁生日时，老丈人和丈母娘便携带礼物前去女婿家中贺寿，所带的礼品中有一对黄鱼、十斤猪肉、两瓶米酒、十斤面条、两套衣服和枣子、橘子、桂圆等。这些礼物并不是随机选择的，每一样礼物都有着独特的文化内涵，寄寓着美好的祝愿和期盼。鱼，取其谐音，象征着"富贵有余"；米酒意喻"粮食充足"；面条有着"长命百岁"内涵；衣服则是代表一种依靠，希望自己的女儿可以得到女婿更好的呵护；桂圆和枣子则是希望二人可以早生贵子；橘子也是取其谐音，"大吉大利"之意。收到贺礼后，女婿要带着长寿面、水果和点心等礼品回敬两位老人，希望二位老人可以福泽连绵、长寿康健。四川地区的女婿还准备好酒、买肉、备菜来款待二位老人。

这种做寿的形式与正式的寿诞礼仪是有很大差别的。这种贺寿形式，不摆寿堂，也没有正式的叩拜礼仪，形式短小，祝贺之人也局限于岳父岳母。

还有一种是为满六十六岁老人专门举行的贺寿仪式，多在长江中下游的各省市间流行，一般是由已经出嫁的女儿来主持。在父母双亲年满六十六岁这天，女儿要将猪腿肉分割成六十六块，有如豆瓣大小，因此也叫作"豆瓣肉"。制成红烧肉以后，在上面覆盖一碗米饭，再加一双筷子共同放在篮子内，最后用红布盖在上面，然后由女儿和女婿一起将红烧肉送给父亲或母亲。

福建客家人有"男做齐头女做一"的办寿习俗。

具体是指男子一般虚岁逢十贺寿，比如六十岁、七十岁等。女子一般则比男子多一岁时贺寿，比如六十一、七十一，这就是所谓的"过一"。这在福建西部一带的永定、连城、上杭等地最为常见。但是在南靖船场，则恰好相反，是男做单数（五十一、六十一等），女做双数（五十、六十等）。大田人则非常避忌八十岁寿辰，认为会带来灾祸，并且有"八十岁八十丁，八十一岁剩单身"和"八十岁八十丁，八十一岁点单灯"的说法。

还有一种形式是打平伙，叫作"合寿"——为求取吉利，一些年龄相加够八十、九十、一百的人，相聚在一起，共同庆祝。有的地方还兴起了"团体寿"，大多是机关、厂矿、学校等单位为退休老干部、老工人、老教师举行集体祝寿仪式，或为敬老院老人祝寿等。新时代的贺寿礼仪去除了与封建迷信相关的内容和繁琐的礼仪程序，增添了敬老尊老、护幼爱幼等新内容，使寿诞庆贺活动显示出文明、吉祥、有趣的特色。

在我国民间还存在一种特殊的贺寿方式，就是"冥寿"，又称之为"阴寿""冥庆"。这是为已经去世的祖父母或父母做寿，是一种由给在世人做寿而演变出来的风俗。一般以家族或家庭为单位开展活动，寓意"慎终追远""光前裕后"，为自己门第增添光彩。新中国成立后，源远流长的寿诞礼俗依然盛行，但是借寿、冥寿等习俗已经很少见，寿诞仪式中的一些繁琐步骤也已经消失。

除却上述地方，一些少数民族的寿礼也颇具特色。与汉族不同的是，在对寿星老人称呼上，壮族人采用福、寿、康、宁四个字来指代老人的寿礼名称。一般来说，49岁为"祝福寿"，61岁为"祝寿寿"，73岁为"祝康寿"，85岁为"祝宁寿"。其中61岁的"祝寿"最为隆重。贺寿之时要准备宴席，请道公念寿经，举行搭寿桥、送寿米仪式，部分家庭还请戏班来演出一些与祝寿有关的剧目。

在土家族人的生日礼俗中，对小孩子便称之为"长尾巴"，而成年人则叫"过生日"，年满五十岁方可称作"祝寿"。如果家中父母都还在世，那么无论年龄多大也不能称之为"祝寿"，这就是人们常言的"尊亲在不敢言老"。土家族人在贺寿之时要为老人献鱼、做长寿面和敬寿桃，对他们来说满六十花甲的寿礼最为隆重。

在彝族语言中，"贺寿"被称作"叶比睦"。彝族人讲究父母在世时是不能做寿的，父母去世后不满六十岁也是不能做寿的。对彝族人来说，做寿并不只是简简单单的一种庆贺活动，而是怀念自己母亲的一次祭母活动。与其他民族不同的是，彝族人在算年龄的时候比汉族人要多出一岁。彝族人认为人还在母亲腹中的时候，便具有了生命。年龄的计算应该从母亲怀孕的时候算起。因此，满六十一岁时，彝族人才开始做寿，并且不是一年做一次。他们在满六十一岁之后，每隔十二年才做一次寿。这便是说，在他们六十一岁第一次做寿之后，七十三岁时候才做第二次，八十五岁时候再做第三次。而九十七岁的做寿是没有的，因为在《毕摩经》里，还没有彝族人能活至这个年纪的说法，所以彝族有"人生难得三回寿"的说法。彝族的贺寿礼仪及方式也有其独到之处。做寿之前，主家要将屋子从里至外清扫干净。家里地上要撒铺青松毛，把大米装入一把升（一种计量工具）中，放至正堂的供桌之上。之后把寿星母亲的灵牌从楼上神龛中请出，插在供桌的米升中。在母亲的灵牌前还要点一盏香油灯，插几枝柏树叶，烧香三炷。贺寿当天，主家要杀若干只鸡和一只羊。所有亲戚及后辈子孙，都会带上鸡、酒、米、糖、衣服等前来为老人贺寿。寿诞仪式还要请一个毕摩（祭司）来主持整个仪式，念诵《祭母经》。

有趣的寿星故事

| 有趣的寿星故事 |

寿星最初并不是我们现在所认为的过生日的老人，而是天上的星宿，因为它的出现寓意天下太平、世事安稳，因此人们会向着天空中的寿星祈祷自己福寿康健。由于人们对长寿的追求和对生命的渴望，后来的神话传说故事里，就有了许多长命百岁的神仙或传奇历史人物，这些长命之人，就成了寿星的代名词，也产生了许多以这些传奇人物为主人公的神秘而有趣的祝寿故事。

一、寿星类型

1. 星宿

寿星原是天上的星宿，在科学技术并不发达的古代，人们很早就依靠观看天象来认识、计算时间。有一种说法认为，寿星原本是天上二十八星宿中东方苍龙七星之一的角亢星，在每年五月份傍晚，寿星便携带长寿的吉祥光环出现在天空的东方。还有一种说法认为，寿星又叫老人星、南极老人。在古代典籍《史记·天官书》中记载，老人星出现于秋分时节，老人星出现则天下安定，若老人星不出现，天下就会有兵乱战事。因此，人们祭拜它以祈求福寿长命。汉代还在每年的仲秋之月，为七十岁以上的古稀老人举行敬老活动和祭拜寿星的活动。

2. 神化传说人物

王母娘娘、彭祖、麻姑等都是长寿的代表人物，因此敬寿常用的对联"福如瑶母三千岁，寿比彭祖八百春"。瑶母就是王母娘娘，是古代神话中掌管长生不老药的天神，传说她活到了3000岁。彭祖是道教神话中的人物，传说是五帝之一颛顼的孙子，他活到了800余岁，据说他有一套自己的养生方法。麻姑是道教神话中的女寿星，传说她活千年之久，经历了三次东海变桑田。

3. 历史人物

如孔子、孟子、张果老等，相传孔子活到73岁，孟子活到84岁，两人德学深厚又长寿，被视为寿星的代表。张果老是神话八仙中年龄最长的一位神仙，据资料记载，历史上确有其人，但人们多以神话人物看待他，相传他与天地同寿。

4. 过生日的老人

时光流转，人们对长生永寿的渴望有增无减。于是，在长寿老人生日这天，子孙为他举办祝寿仪式，作为庆贺仪式的主人公，人们尊敬地称呼这位过生日的长者为寿星，祝福他长命百岁、幸福康宁。

二、寿星故事

祝寿文化实际上不仅仅是寿诞礼仪式，更是一个集传统戏剧、民间传说、神话、民间故事、古典小说为一体的文化事象。神话中的神仙长生不老，人们希望自己能够沾有他们的福分，因此，在祝寿活动或日常生活中，通常喜欢讲述神仙长寿、祝寿的故事。

1. 西王母蟠桃盛会

西王母也就是王母娘娘，是民间传说中玉皇大帝的夫人，家住昆仑山，她有着至高的地位。在民间传说中，西王母会在农历三月初三当天在天上的瑶池举行盛大的、象征长寿的蟠桃盛会，邀请各路神仙欢聚一堂为自己庆生。西王母所种植的蟠桃，生长期达几千年之久，被人们称为"仙桃"。据说蟠桃园里的前一千二百株，生长期为三千年，人吃了身体康健；中间的一千二百株，生长期为六千年，人吃了可保长生不老；后一千二百株，生长期长达九千年，人吃了可与天同寿。

除此之外，西王母更是一位神化色彩非常浓厚的人物，她居住的昆仑山号称不死之山，可以采集到各种神奇的草木果实，制作出人人梦寐以求的长生不老药。长生不老药源于桂树的果实，经过西王母的调试，只要吃上一口，延年益寿可达千年，多吃一些可以腾云驾雾，升天自如，宛若神仙。相传周代周穆王一直派人寻求此药。传说嫦娥升天化为嫦娥仙子，就是因为偷吃了王母娘娘的长生不老药。

因此，人们在庆贺寿诞时，常常都要在墙上悬挂"蟠桃盛会""瑶池集庆"的图画，表示对生命长久的渴望的心态。

2. 麻姑祝寿

为女性长者过寿时，往往要高挂含有吉祥喜庆寓意的麻姑献寿图。图中的麻姑是一位年轻貌美的姑娘，她手里提着富有庆贺意义的花篮，背上背着一个盛满寿酒的葫芦。如此貌美的

| 清代粉彩麻姑献寿立像 |

麻姑为什么会受到人们如此青睐呢？

原来，看上去年轻貌美的麻姑，实则是一位寿命上千年的仙女。江西民间传说中的麻姑是自己修炼成仙的，地点在道教三十六洞天之二十八洞天、七十二福地之中的第十福地。年少的麻姑聪明伶俐，相传她在十八九岁之时就已经掌握了很深的道术。

传说麻姑不仅相貌动人，而且心地善良。她的父亲麻秋是一名官员，臭名昭著，对手下的苦力非常严苛，对皇上却是百般讨好。为了讨得皇上开心，他命苦力昼夜施工建设城池，他那善良的女儿麻姑知道后，很同情苦力们的遭遇。为此，她向自己的父亲求情，没想

到，父亲不但不听，还将麻姑狠狠地训斥了一番。麻姑实在看不下去苦力遭受这等苦痛，想尽办法为这些苦力争取延长休息的时间。她发现苦力只有在公鸡打鸣时才能休息，于是，麻姑每天半夜偷偷起床，跑到工地学公鸡打鸣，为苦力们争取休息的时间。但是时间久了，工地上的监工发现了其中的蹊跷，很快便知道是麻姑在其中捣鬼。麻秋知道自己的女儿搅乱自己的计划后，勃然大怒，六亲不认，竟要斩杀自己的亲生女儿。苦力们知道麻姑是为了帮助他们才受此残害，便协助麻姑逃跑了。麻姑躲进山里，麻秋仍不放过她，竟然要放火烧山。山中火势越来越大，就在大家都认为麻姑难逃此劫时，王母娘娘恰好腾云驾雾从此路过，见此处火光冲天，便降下一场大雨，救了麻姑性命。麻姑向王母娘娘诉说了事情的原委，得到王母娘娘的称赞，随后收麻姑为弟子，麻姑因祸得福，与王母娘娘一同修炼而成仙。

在民间传说里，麻姑祝寿的故事也是广为流传的。相传在三月三王母娘娘大寿之日，麻姑受邀前往天庭参加盛大的蟠桃盛会。与会者都带来了精美的仙品，麻姑也为王母娘娘献上自己亲手酿制的灵芝酒，因这灵芝酒是麻姑在修仙期间采集上等灵芝，用山上清澈的泉水酿制，因此，灵芝酒晶莹剔透、酒香四溢、沁人心脾，赢得了各路神仙的称赞。王母娘娘感恩麻姑的良苦用心，赞

通俗小说兴盛，其中大量引用了人们口头讲述的神话和民间传说故事，也就是在这个时代，八仙的人物形象和故事逐渐定型。

吕洞宾，全真道祖师，被尊称为吕祖师、吕仙祖、吕仙公，他是八仙中传说故事最多的人物，有"狗咬吕洞宾，不识好人心""黄粱梦吕仙祠""钟离权十试吕洞宾""丹药济人"等。相传吕洞宾经常在人间济世度人，即使成仙后也依旧如此，尤其对身患疾病之人，更是多加帮助。

张果老也是长寿的代表，因唐代道士将他描述为天地混沌时期的蝙蝠精，因此被人们视为与天同寿。他本名叫张果，八仙中他的年龄最长，因此被人们尊称为

赏麻姑的智慧，于是，封赏麻姑为女仙。麻姑的聪慧、善良赢得人们的一致认同，麻姑献寿的故事也因此广为流传。

3. 八仙庆寿

八仙是道教中的八位神仙，吕洞宾、张果老、铁拐李、何仙姑、韩湘子、蓝采和、汉钟离、曹国舅。元明时期

"张果老"。民间传说中他服用人参变为神仙,他的毛驴也因喝了煮过人参的汤水而变为神驴。

铁拐李在八仙中,当属最有资历之人,民间认为他是八仙之首。铁拐李本名李玄,因目睹国破家亡、民不聊生而无奈走上学道之路,成仙后的铁拐李专心制药,广布恩泽于乡民,据说他背着的葫芦里便装着灵丹妙药,被人们称为"药王"。但是他貌不惊人,又脏又邋遢,瘸腿挂铁拐,这与他治病救人的美好心灵形成了鲜明的对比,这也是在告诉我们不要以貌取人。

何仙姑是八仙中唯一的女性,她本是机灵聪明的普通女子,因帮助了一位老翁后食得仙桃而成仙,采集仙

药医治一方的百姓,能预测人事,神通广大。

韩湘子是个擅长吹箫的翩翩书生。相传在成仙之前,他生性放浪形骸,不喜好读书,是唐宋八大家之一韩愈的侄孙。韩湘子二十岁左右时回乡探亲,因留恋山中景色而归隐山林,修道成仙,他的箫声在冬天能够使开败的花重新开放。

蓝采和的形象常常是穿着破烂衣裳,手里提着篮子,行走于大街小巷,沿途说唱、叫卖,宛如市井小贩。民众眼里,他是最普通、最平凡的一位神仙。他的成仙过程也很传奇。相传有一天,蓝采和在酒楼喝酒时,听闻有悦耳的笙箫之音,随即乘鹤升天,化作神仙。

汉钟离的形象一般是

大腹便便、乐呵呵的样子，他在八仙中也较为出名，落难成仙的故事就是在说汉钟离。汉钟离被认为是东汉人，少读诗书，官至大将军。后因兵败入终南山，遇东华帝君引至贵州赤水二郎坝修道，于飞仙崖飞升。

曹国舅在八仙中地位最高，被封为国舅的他是唯一与"官"沾边的神仙，但他却不喜欢享受荣华富贵，他认为行善积德、行恶受罚。因为自己弟弟仗势害死良民，曹国舅感到非常自责，于是隐居山林，潜心修道，经钟、吕二仙的指点而成仙。

八仙庆寿的故事最早出现在金元戏曲剧目中，元代陶宗仪的《辍耕录》中有《八

蓬莱八仙群雕

仙会》《瑶池会》《蟠桃会》三个剧本，记载了八仙为王母娘娘庆寿的故事。八仙祝寿与八仙过海的故事一脉相承，传说王母娘娘寿诞之日，大摆蟠桃盛宴，邀请各路神仙。铁拐李便约了自己的其他七位神仙好友一同为王母娘娘祝寿，他们在酒足饭饱后，辞别王母娘娘，渡海归途。因为每位神仙都掌握一件法器，神通广大，于是就有了"八仙过海，各显神通"的故事。

至今，老人过寿时仍张贴八仙祝寿图，以表示对长寿的期盼。

4. 东方朔偷桃

东方朔是我国西汉时期的人物，因常常劝谏而被视为忠臣。一次，汉武帝寿诞之日，东方朔受邀前来，忽然一只黑鸟降临，汉武帝问东方朔这是什么鸟？东方朔不紧不慢地回答："这是昆仑山瑶池王母娘娘所养之鸟，名曰'青鸾鸟'，它奉王母娘娘的指令前来贺寿的。"汉武帝听后非常欢喜，不久，王母娘娘果真到此为汉武帝祝寿。祝寿完毕，并为汉武帝献上盛有七个仙桃的玉盘。东方朔将玉盘端与汉武帝时，竟然私自留存了两个。不知情的汉武帝心满意足地享用了其中五个仙桃。他享用后命臣子将桃核种于庭院，王母娘娘见状阻止，原来这桃子只能种在仙界，不可种在人界，因为此桃树三千年一开花结果，王母赐赠的桃子是第三次结的果实。按照王母娘娘的讲述，东方朔已经有一万八千岁，因此，人们

|黄杨木雕：东方朔偷桃|

也常常将东方朔看作长寿的象征。

5. 老子祝寿

老子名李耳，家在河南鹿邑，这里流传着老子为贫民祝寿的故事。相传在鹿邑有两位同年同月同日生的人，一位是大户人家庞太爷，一位是穷人岳平。两人的生日虽是同一天，但热闹程度却大大不同。来给大户人家拜寿送贺礼的人络绎不绝，寿礼能堆好几间屋子；而贫民岳平家门前非常冷清，就连岳平自己的亲生子女也不为他送贺礼，而是把自己省吃俭用积攒出来的钱给庞太爷买礼物。在老子十四岁那年，因为姑妈家有急事，家里人前去帮忙，因此，不得不将为庞太爷送礼祝寿的事情交代给老子。老子一直看不惯这种不良的社会风气，在送礼途中一直愤愤不平，最终没有将礼物送到庞太爷那里。百思不得其解的老子反复思索这个事情，最终，他突然就明白了这其中的道理：富有者享受大家的拥护，贫穷者只能遭受人们的冷漠白眼。于是，老子便将礼物送到了岳平家里。庞太爷的儿子是有名的恶霸，他知道这件事后，专程找老子兴师问罪，老子势单力薄，却也据理力争。庞太爷赶来后，严厉地训斥了自己的儿子。从此这个地方改掉了只给富贵人家过寿的风气，主张也为贫穷者祝寿。

老子祝寿的故事在河南鹿邑得以广泛流传，表现了人们对于社会公平的追求，而老子也被人们视为敢于反抗恶势力、恶习俗的表率。

丰富的寿星形象与祝寿故事不仅表达了人们对延年益寿的期待，也丰富了民间文化的产生和流传。桃、鹤、鹿、松、龟、菊等，通过民间传说故事的讲述，也成为长寿的象征和元素，从而出

｜山西中阳剪纸：八仙庆寿
作者：吴翠梅｜
王晨 摄

｜广灵剪纸：
八仙庆寿｜
高忠严 摄

| 八仙上寿剪纸 |
高忠严 摄

现在小说、戏剧、剪纸、刺绣、房屋建设等人们的日常生活中，为人们平淡的生活带来乐趣，带来喜庆，带来生命的活力和希望。

寿礼和养生文化

| 寿礼和养生文化 |

一、与时俱进话寿礼

历朝历代人们对高寿之人极其尊崇，究其原因无外乎有以下几点：一是高寿之人确实少见，一个人若能活到六十花甲，确实是一件值得庆贺的事情。二是但凡高寿者或多或少的都有一定的社会经历和贡献，且他们中的一大部分人凭借自己的品德和功绩获得了人们的尊敬。因此能为年轻人提供一定的涉世经验和教训。对寿者的尊崇，究其深层次的原因实际上是对长辈的生产技能、文化传统的认同与继承，是传统积累传衍的一种方式。三是中华民族孝道观念的体现。因为孝道观念几千年来在人们思想感情深处，起着支配家庭乃至社会的作用，为长辈祝寿正是孝道的内容之一。因此，从古至今，祝寿之风广为盛行。由于祝寿为人生礼仪中的一项大礼，所以在许多典籍史书中都有关于祝寿的记载。像东方朔偷桃，唐代郭子仪七子八婿拜寿引出的打金枝风波，清代康熙、乾隆举办的"千叟宴"，都是一些比较著名的祝寿活动。

自有祝寿活动到现如今，祝寿礼俗也在随着社会的发展和时代的进步不断发生着变化。在几千年的进程中逐渐形成了自己特有的一套贺寿仪式。旧时祝寿相当复杂隆重，并且关于祝寿的习俗和仪式纷繁多样。就拿最简单的亲朋贺寿送礼的礼单来讲，古时，凡是亲朋贺寿送礼都要备帖，帖用红纸制成，正面还要印有寿星图案，里面写上敬奉的各种礼品名称。

随着人们思想观念的解放，古代祝寿活动中的各种繁文缛节早已被简化，取而代之的是具有当今社会特色和中西合璧的寿诞仪式。磕头跪拜、焚香、点烛之类的活动和大操大办、铺张浪费的观念早已被崇尚现代理念的人们所摒弃。原先儿女在祝寿仪式中必须向寿星行叩首大礼，但后来则逐渐改为鞠躬的形式。弯腰向老人连鞠三个躬，是近代以后中国广大城乡中较为流行的做法。每当有人过寿，一家人便欢聚一堂，为寿者摆上生日蛋糕，一起唱生日快乐歌，寿者许愿，然后吹蜡烛。最后，大家吃些家乡菜、喝点小酒、唠唠家常，既温馨又经济。

除此之外，在当代社会还出现了一些别样的祝寿方式，那就是许多政府部门和社会团体每年都到一些老

| 生日蛋糕 |
贺少雅 摄

干部、退休员工、孤寡老人、高寿老人的家中为他们祝寿，在表示庆贺的同时也献上最真诚的问候。还有许多医务人员有时也在老人寿诞这一天为老人义务就诊，对他们的健康致以最大的关心。这些别样的祝寿形式，充分体现了新时代高尚的人伦道德和良好的社会风尚。

在几千年的传承与发展中，中国人的祝寿仪式活动在不断地发展变化，这些祝寿活动不仅蕴含着中国人浓浓的人情味，还体现了中国人对于生命的尊重和敬畏以及对人生价值的不断追求。

| 生日蛋糕 |
闫云霞　摄

| 生日蛋糕 |
闫云霞　摄

二、尊老敬老表孝心

中国素以礼仪之邦著称，在两千多年儒家孝道思想的浸润下，尊老敬老的观念更是深入人心，而作为表达儿女孝心的寿礼活动则更是把这一观念体现得淋漓尽致。

寿诞礼中，寿星通常都

要穿上红色的寿服，端坐在寿堂中的寿椅之上，接受儿孙们的磕头跪拜，其乐融融。亲朋好友送来的各种寿礼摆满屋内，其中比较普遍的寿礼为绘有"五福捧寿""麻姑献寿""龟鹤齐龄""松鹤延年"的寿图和各种寿字及寿联。除此之外，还有成堆的寿桃、寿糕和寿面。

说到尊老敬老，我们很自然就想到了在民间广为流传的孙膑为母奉桃拜寿的传说。这一传说讲的是孙膑早年曾离家去外地拜师学艺，很多年都未曾回家。有一年端午节，他的母亲将要过八十大寿，于是他向老师请假，身为老师的鬼谷子在孙膑临走之前送给了他一个桃子，以此作为寿礼。寿礼当日，孙家大摆筵席，然而孙母并不开心，因为她思念多年未见的儿子。恰逢此时，

五福捧寿
高忠严 摄

孙膑赶了回来，并把老师给他的桃子作为寿礼献给了母亲。孙母吃完桃子后容颜大变，雪白的鬓发转眼变成了如墨青丝，昏花的老眼也变得十分明亮，不仅皱纹一扫而光，就连那掉了的牙齿都重新长了出来，旁边的人都大为惊讶，大赞孙膑的孝心。这个故事一传十，十传百，传遍了十里八乡。其他的人也都纷纷效仿，希望自己的父母亲也能像孙膑的母亲那样返老还童。然而仙桃并非每人都能得到，于是人们就想出了一个办法，拿面粉做成仙桃的样子，然后蒸熟了给父母吃。以此来期盼父母健康长寿，福泽万年。

无论是象征着长寿的寿面还是寿桃，它们都是子女们尽孝的一种方式。子女们通过这些东西来表达对父母健康长寿、永享安泰的美好祝愿。

除了民间对老人的尊敬以外，历代统治者的大力提倡也是促进尊老敬老文化发展的重要原因。历代统治阶级都特别强调以孝治天下，因而人们极其尊崇孝道，所以祝寿活动异常繁盛。

总之，祝寿活动丰富多彩、寿礼习俗不断演变，无

|广灵剪纸：鹿鹤同春剪纸|

高忠严　摄

|山西广灵惠华堂剪纸：松鹤同春|
高忠严 摄

|福建泉州木版年画：寿星伴鹤|
贺少雅 摄

论是一家一户的寿诞礼，还是千家万户的千叟宴，无论

是传统祝寿活动，还是新型祝寿方式，无不体现"百善孝为先"在国人价值观念中的重要地位，无不显露尊老敬老传统文化在血脉绵延、家庭和睦乃至社会安全等方面的深远影响。

三、寿礼与养生之道

长寿之人难得，因而长寿之法更是被历代上至帝王将相，下到平民百姓的所有群体所重视。

许多寿星都有自己的一套长寿养生秘诀。相传大医药学家孙思邈生于公元581年，卒于公元682年，活了101岁。他一生不仅在医药学方面取得了辉煌的成就，而且还因其独特的养生之道而备受世人的推崇。他近百岁之时，仍旧神采奕奕，有人向他请教长寿之道，他的回答简单明了："四体勤奋，每天劳动，行医看病，上山采药；节制饮食，细嚼慢咽，食不过饱，酒不过量，饭后盥漱，睡不张口。"

从上面这些话中我们可以看出孙思邈高寿的秘诀主要有以下几点：

第一，顺其自然。世间万事万物都有其自身的发展规律，养生之道应顺应其规律，而不可违背这些规律，否则将会有损我们的健康。

第二，重视饮食。历来长寿之人强调最多的就是食养。孙思邈强调："安身之本，必资于食"，认为食养可强身防病。他说："春七十二日，省酸略甘。以养脾气；夏七十二日，省苦增辛，以养肺气；秋七十二日，省酸增甘，以养肝气；冬七十二日，省咸增苦，以养心气；季月各十余日，省甘增咸，以养肾气。"他把饮食与季节气候变化联系起来，此外，他还主张饮食清淡，注意节制，细嚼慢咽，食不过饱。

第三，多活动。锻炼不仅可以增强体质，促进新陈代谢，而且还可以延缓衰老的进程。老年人应该多锻炼，多运动。孙思邈不仅坚持按摩练气，而且还打拳戏耍。正是这样日复一日、年复一年的锻炼，才使他在近百岁之时仍旧神采奕奕。

除上述三个秘诀之外，他还总结了"十二少"养生之道：少思；少念；少事；少语；少笑；少愁；少乐；少喜；少好；少恶；少欲；

少怒。无论我们遇到任何事，都不可大喜大悲，凡事都应该有所节制，这才是真正的灵丹妙药。

南宋爱国诗人陆游生于1125年，卒于1210年，享年八十五岁。他虽生逢乱世，生活拮据，但却可以身强体健，背不驼，腿不瘸，耳不聋，眼不花，是我国古代少有的长寿诗人。对于养生，他也有自己的一套方法。

纵观陆游一生，他大部分时间都是赋闲在家，在长达几十年的时间里他并没有像其他人一样借酒消愁，也没有像其他人一样浑浑噩噩，相反，他培养了许多的兴趣爱好。其中最主要的就是读书写诗，他通过诗歌来抨击朝政，抒发自己赤胆忠诚的爱国之情。即使在家贫屋漏的情况下也吟诗不绝："昨夕风掀屋，今朝雨淋墙，虽知柴米贵，不废夜歌长。"诗人乐观豁达的胸怀由此可见。

不仅如此，陆游还经常登山，在他60岁登山游览之时都不需要人搀扶，正如他所写的"乘除尚喜身强健，六十登山不用扶。"除了登山，散步也是他独特的养生之法，"饮罢忌久坐，时须曳筇杖。"陆游认为充足的睡眠对于老年人的养生格外重要，他曾这样写道："华山处士如容见，不觅仙方觅睡方。"除此之外，陆游还坚持每天睡前用热水洗脚，"老人不复事农桑，点数鸡豚亦未忘；洗脚上床真一快，稚孙渐长鲜烧汤。"梳发也是他每天所坚持的，早中晚三次。对于梳发养生，陆游深有体会，在他的诗中他这样写道："客稀门每闭，意闷重梳头""觉醒忽见天窗白，短发萧萧起自梳"，常梳头，能够刺激头部穴位，达到健康长寿的目的。

除上述所说之事，陆游在闲居乡村的时候，凡事都亲力亲为，他不仅割草、拾粪、养鸡、养猪，而且还养花、钓鱼、扫地、抹桌。他的众多养生诗篇不仅为后人的养生提供了丰富的经验，而且还对中医养生之道具有启迪作用。

大画家齐白石生于1863年，卒于1957年，享年九十五岁。他的一生可谓艰难坎坷，然而能名垂千古、寿臻期颐，这与他独特的养生秘诀密不可分。

齐白石晚年之时，每天都能做到早睡早起，在保证睡眠时间的同时，更注重睡眠的质量。他每天天不亮就起床，起床后先去自家的菜园里为葡萄、丝瓜、花生等瓜果除草、施肥，通过这种方式来锻炼身体。早饭后开始作画，一画就是一上午。午饭过后他通常会午休，之后又开始作画。在作画之余他也很注重锻炼身体，在他的画室里常常放有一副哑铃，绘画之余，常常拿起来练一练。他还喜欢二胡，常常一个人独自坐在房前树下，一边拉二胡，一边低声吟唱，自娱自乐，悠闲自得。可见，规律作息也是长寿养生的重要法宝。

齐白石还总结了养生的"七戒"：一戒饮酒；二戒

吸烟；三戒虚度光阴；四戒懒惰；五戒空思；六戒狂喜；七戒悲愤。怀着平和的心情简单地生活，就是他的养生之道，值得我们每个人借鉴。

寿诞礼绵延至今，不仅是社会对个体步入老年阶段的一种仪式上的认可，也是对老人尊重的体现；不仅是晚辈对老人孝心的表达，还是人们对传统孝道文化的践行。千百年来，从民间各地丰富多彩的寿诞习俗中，我们可以很清楚地看到尊老敬老、养生长寿理念在中华民族传统精神生活中所占的重要地位。寿诞礼作为人生仪礼的重要组成部分，在保持家庭凝聚力、促进邻里和睦相处、维护社会稳定方面具有潜移默化的作用，在当下社会语境中方显弥足珍贵，当被中华民族永久珍视与传承。

图书在版编目（ＣＩＰ）数据

寿诞礼 / 高忠严编著 ；萧放本辑主编. -- 哈尔滨 ：黑龙江少年儿童出版社，2020.9（2021.8 重印）
（记住乡愁 ：留给孩子们的中国民俗文化 / 刘魁立主编. 第七辑，民间礼俗辑）
ISBN 978-7-5319-6550-3

Ⅰ. ①寿… Ⅱ. ①高… ②萧… Ⅲ. ①诞辰－风俗习惯－中国 Ⅳ. ①K892.21

中国版本图书馆CIP数据核字(2020)第180675号

记住乡愁——留给孩子们的中国民俗文化　　　　　　　刘魁立◎主编
第七辑 民间礼俗辑　　　　　　　　　　　　　　　　萧　放◎本辑主编
寿诞礼 SHOUDANLI　　　　　　　　　　　　　　　　高忠严◎编著

出 版 人：商　亮
项目策划：张立新　刘伟波
项目统筹：华　汉
责任编辑：于　淼
整体设计：文思天纵
责任印制：李　妍　王　刚
出版发行：黑龙江少年儿童出版社
　　　　　（黑龙江省哈尔滨市南岗区宣庆小区8号楼 150090）
网　　址：www.lsbook.com.cn
经　　销：全国新华书店
印　　装：北京一鑫印务有限责任公司
开　　本：787 mm×1092 mm　1/16
印　　张：5
字　　数：50千
书　　号：ISBN 978-7-5319-6550-3
版　　次：2020年9月第1版
印　　次：2021年8月第2次印刷
定　　价：35.00元